BEI GRIN MACHT SICH IHR WISSEN BEZAHLT

- Wir veröffentlichen Ihre Hausarbeit, Bachelor- und Masterarbeit

- Ihr eigenes eBook und Buch - weltweit in allen wichtigen Shops

- Verdienen Sie an jedem Verkauf

Jetzt bei www.GRIN.com hochladen und kostenlos publizieren

Bibliografische Information der Deutschen Nationalbibliothek:

Die Deutsche Bibliothek verzeichnet diese Publikation in der Deutschen Nationalbibliografie; detaillierte bibliografische Daten sind im Internet über http://dnb.d-nb.de/ abrufbar.

Dieses Werk sowie alle darin enthaltenen einzelnen Beiträge und Abbildungen sind urheberrechtlich geschützt. Jede Verwertung, die nicht ausdrücklich vom Urheberrechtsschutz zugelassen ist, bedarf der vorherigen Zustimmung des Verlages. Das gilt insbesondere für Vervielfältigungen, Bearbeitungen, Übersetzungen, Mikroverfilmungen, Auswertungen durch Datenbanken und für die Einspeicherung und Verarbeitung in elektronische Systeme. Alle Rechte, auch die des auszugsweisen Nachdrucks, der fotomechanischen Wiedergabe (einschließlich Mikrokopie) sowie der Auswertung durch Datenbanken oder ähnliche Einrichtungen, vorbehalten.

Impressum:

Copyright © 2011 GRIN Verlag, Open Publishing GmbH
Druck und Bindung: Books on Demand GmbH, Norderstedt Germany
ISBN: 9783668432918

Dieses Buch bei GRIN:

http://www.grin.com/de/e-book/358714/ueber-die-verfluessigung-von-geschichte-durch-die-bewegung-des-lebendigen

Thilo Fischer

Über die Verflüssigung von Geschichte durch die Bewegung des Lebendigen in Alexander Kluges "Der Gesamtarbeiter vor Verdun"

"Spielt keine Rolle, ob kontra oder für, produktiv ist es auf jeden Fall."

GRIN Verlag

GRIN - Your knowledge has value

Der GRIN Verlag publiziert seit 1998 wissenschaftliche Arbeiten von Studenten, Hochschullehrern und anderen Akademikern als eBook und gedrucktes Buch. Die Verlagswebsite www.grin.com ist die ideale Plattform zur Veröffentlichung von Hausarbeiten, Abschlussarbeiten, wissenschaftlichen Aufsätzen, Dissertationen und Fachbüchern.

Besuchen Sie uns im Internet:

http://www.grin.com/

http://www.facebook.com/grincom

http://www.twitter.com/grin_com

„SPIELT KEINE ROLLE, OB KONTRA ODER FÜR, PRODUKTIV IST ES AUF JEDEN FALL."[1]

Über die Verflüssigung von Geschichte durch die Bewegung des Lebendigen in Alexander Kluges *Der Gesamtarbeiter vor Verdun*

Thilo Fischer

Alexander Kluges Fernseharbeiten aus der Reihe *Facts and Fakes* scheinen innerhalb der deutschen Fernsehlandschaft einen Sonderstatus einzunehmen. Sie erweitern nicht nur das Angebot seiner Produktionsfirma DCTP um ein eigentümliches Gesprächsformat – bei dem jeweils Ereignisse aus der Vergangenheit den Ausgangspunkt für neue Gedankenspiele darstellen –, sondern sie vermögen auch neue Räume zu öffnen, in denen Geschichte im Fernsehen auf humoristische und zugleich reflektierte Weise behandelt werden kann. Mit der Erfindung von Figuren aus vergangenen Zeiten wird nicht nur ein Aufeinandertreffen neuer Kreationen mit der Faktenwelt der Geschichtsschreibung möglich, sondern auch ein Spielmodus begründet, der sich ins Unendliche weiterführen lässt. Erfundene Lebensbahnen und spontane, intellektuelle Neuverknüpfungen halten das Spiel und die Erzählung fortwährend in Bewegung, ziehen kleine und größere Bahnen, verfolgen dabei aber niemals das Ziel einer Chronologie, einer Abgeschlossenheit oder einer Linearität, sondern bleiben stets offen für Neuverknüpfungen und Perspektivverschiebungen. Kluge arbeitet ganz anders als HistorikerInnen, die in der Regel „in der Überlieferung der Vergangenheit nach Referenten als Garanten einer historischen Wahrheit"[2] suchen, um die geborgenen Fundstücke zu ordnen und dann zu einer sinnvollen Geschichte zu verdichten. Zwar siedelt Kluge seine Sendungen in gleichen thematischen Gefilden an, stellt dabei aber Fragen von ganz anderer Art und sucht nach neuen Lesarten und einer mehrschichtigen Form ihrer Verhandlung, sodass sich seine Gegenproduktionen assoziativ und nicht belehrend in ein Verhältnis zu den ZuschauerInnen setzen. Er lässt nicht nur Tote auferstehen, von denen vorher niemand wissen konnte, weil sie schlicht erfunden sind – womit der Weg zur Fiktion bereits geebnet wäre –, sondern entzieht zugleich deren Selbstdarstellung jeden illusionären Zugriff. Grund hierfür ist, dass Kluge seine Figuren mittels stark divergierender Verfahrensweisen auf eine weite Bandbreite von Themen treffen lässt und ihnen damit gerade keine Dauerhaftigkeit und Endgültigkeit, sondern in stetigen Formverände-

---

[1] „Der Gesamtarbeiter vor Verdun", Regie: Alexander Kluge, *Nachrichten aus der Ideologischen Antike. Marx – Eisenstein Das Kapital*, DVD 2, Filmedition Suhrkamp 2008, 01:19:15.

[2] Olaf Berg, *Film als historische Forschung: Geschichte in dialektischen Zeit-Bildern. Perspektiven für eine kritische Geschichtswissenschaft in Anschluß an Gilles Deleuze, Walter Benjamin und Alexander Kluge*, Hamburg: Medienpädagogik Zentrum, S. 13.

rungen und Rahmenverschiebungen etwas Augenblickhaftes und Wandelbares verleiht. Eben dort, wo das Eingeübte und Festgeschriebene der Verwandlung des Zufalls begegnet, werden die neuen Geister der Vergangenheit beschworen, um als möglichst wandelbare Spielfiguren in unsere Lebenswelt einzubrechen und uns Staunen zu machen, welch eigenständigen Sinn sie dem vermeintlich längst abgeschlossenen Geschichtsgebäude noch einverleiben können. Im Wirbel der Zentrifugalkraft seines Figurenkarussells wird die tief sitzende Überzeugung, dass eine Erzählung erst dann glaubhaft werden kann, wenn sie sich in einem Bild widerspiegelt, zwangsläufig begraben. Denn Kluges Bildebene ist durch vielzählige Bildmontagen und -collagen fragmentiert und widersteht dadurch dem Verlangen der ZuschauerInnen nach Eindeutigkeit, indem sie disparate Details offenbart, die auf unterschiedliche Weise lesbar werden.

Gewiss muss es dann von besonderem Interesse sein, wie Kluge seine von Beginn an vom Einsturz bedrohten Gebilde erschafft und worin jene Haltlosigkeit begründet liegt, die niemals auf einen Abschluss zielt und dennoch nachhaltig wirksam bleibt. Wie gestaltet sich die Beziehung zwischen Kluge und seinen Gesprächspartnern, zwischen Archivaufnahmen einerseits und Texteinblendungen andererseits, zwischen der Überlieferung und ihrer Fortschreibung, zwischen Widerspruch und Wahnwitz? Wodurch finden dabei schließlich Brechungen statt, sodass sich die historische Vergangenheit als ein frei gestaltbares und kollektives Wirklichkeitsbild produktiv öffnet?

Es scheint, dass er eben gerade nicht den Weg zurück in die überlieferte Vergangenheit geht, sondern umgekehrt einen Überfall auf sie in der Gegenwart unternimmt und sein Diebesgut dann einer Mehrfachbelichtung und einem groben Umschnitt unterzieht. Durch die Aktivierung der Archive und deren Neucodierung im Rahmen der Spielsituation wird ein Leben in den Dingen, ein Leben im Vergangenen, ein Leben des Vergangenen im Gegenwärtigen und damit nicht weniger als das Leben im Denken und dessen Bildern und Tönen erfahrbar gemacht.

„Sind gute Typen bei. [...] Wir waren teilweise auch zusammen auf der Berufsschule."[3]
– Das Verhältnis des Einzelnen zu seiner Geschichte
Man nehme z. B. den Ersten Weltkrieg. Der Ort ist Verdun, genauer die Hügel von Vauquois. Auf der einen Seite französische Truppen, auf der anderen deutsche. Sie befinden sich in einem monatelangen Stellungskrieg, sie graben unterirdische Stollen und hoffen auf eine gezielte Sprengung, die den Gegner vernichten könnte. Das wäre die Oberfläche, doch welche Koordinaten spannen das Netz? Und in welche Schichten gilt es vorzudringen, um etwas Mysteriöses bei all der faktischen Vertrautheit antreffen zu können?

---

[3] „Der Gesamtarbeiter vor Verdun", 01:07:13.

Mit dem 15-Minüter *Der Gesamtarbeiter vor Verdun* befindet sich Kluge in einer langen Reihe von Fernseharbeiten, die sich mit den Geschehnissen und Folgen der Schlachten um Verdun beschäftigen. Neu ist dabei sein Weg vom Strukturellen des Politikums hin zu einer Konzentration auf das Einzelschicksal, wodurch er thematisch in das Innere der Phänomene um die Kämpfe in den Hügeln Vauquois vordringt. Im Gespräch über die Minenkriege, das zwischen Kluge und dem Sprengmeister Zigarren-Willi, gespielt von Helge Schneider, stattfindet, begegnen uns unterschiedliche Themen, wie die Ausbildung zum Sprengmeister, taktische Kriegsführung, Spezialistentum, Erfolg, Misserfolg und Heldentum. Ab und an nähern sie sich dem Bereich aber auch aus einem privaten Blickwinkel an, wenn es um Zigarrenrauchen oder um den Respekt für die Fachkenntnis des Feindes geht. Schließlich verlassen sie jenen Pfad wieder, um über Kriegsdenkmäler, Tourismus und Produktivität zu sprechen. Dabei entwickeln sich irrwitzige Assoziationsketten: angefangen beim klassischen Frage-Antwort-Spiel, über Stichwörter, Phrasen bis hin zu sehr subjektiven Begriffsdefinitionen. So wandert der gemeinsame Gedankengang vom Begriff des Vaterlandes – das für Willi sein Können und seine Spezifikation als Sprengmeister und die Liebe zu seiner Arbeit bedeutet, die er für sein Land leistet – zum Beruf des Gärtners – der ja auch den Rasen sprengt –, zum Beruf der Kindergärtnerin – der in Kriegszeiten bei all den alleinerziehenden Müttern wichtig werden –, zum Begriff des Mutterlandes – den es nicht gibt –, um schließlich den Begriff des Mutterschiffes näher zu betrachten.

All diese Momente befinden sich in einer ungekürzten assoziativen Ordnung, die nicht mehr einer sequentiellen Organisation des Films dient, sondern selbst zu einer objekt-intendierenden Erzählform geworden ist und das Thema von den Rändern her umkreist. Im Zentrum steht weniger das Ausbluten zweier Kriegsmächte an der Westfront während des Ersten Weltkriegs und das Nachskizzieren einer Chronologie der genauen Abläufe und Ergebnisse, sondern vielmehr die subjektive Perspektive eines passionierten Sprengmeisters, der gemeinsam mit Kluge in eine Art Glaskugel der Geschichte blickt (Abb. 1).

Es ergibt sich kein geschlossenes, objektives Bild für den Stellungskrieg, vielmehr taucht der Film in einen Mikrokosmos ein und versucht dabei Widersprüche und Unerwartetes zu Tage zu fördern, die wiederum in den größeren Gesamtzusammenhang gebracht werden. Hinzu kommt eine Eigendynamik, bei der sich die Gesprächspartner auch ab und zu uneins werden dürfen, wodurch die vermeintliche Bruchlosigkeit von Geschichte herausgefordert wird. So glaubt Kluge, dass, wenn zwei Stollen tatsächlich einmal auf gleicher Höhe zusammentreffen würden, die Soldaten viel zu erstaunt sein müssten, um sich dann sogleich zu bekämpfen. Willi entgegnet ihm, dass gewiss sofort eine Detonation folgen werde, weil die Arbeit vollbracht werden müsse und jeder der Bessere sein wolle.

Dadurch wird bei Willi ein Subjektbewusstsein deutlich, das nur über das Funktionieren innerhalb des Systems erzeugt wird, welches zugleich im Gespräch begründet wird. Dennoch lockt Kluge sein Gegenüber immer wieder aus der Deckung seiner im Spiel begründeten Expertise als Sprengmeister und liefert hierfür im Gespräch mit Einschüben – wie „Lieber will der Mensch das Nichts wollen, als nicht wollen"[4] – Trittbretter für weitere Gedankenspiele. Hiermit ist auch eine starke Brechung auf der Zeitebene verbunden, denn Willi selbst, in Uniform gekleidet (Abb. 2), ist einerseits als Zeitzeuge dem Ersten Weltkrieg und der Nachkriegszeit verhaftet, andererseits blickt er auf die vaterlose Gesellschaft der 60er Jahre oder auf den heutigen Massentourismus in Verdun. Damit wird er auch als Mensch außerhalb seiner Rolle angesprochen und darf trotz seiner historischen Verankerung eine Zeitwanderung unternehmen. Kluge nimmt die ZuschauerInnen nie bei der Hand, er ist selbst nicht im Bild zu sehen und nur im Ton präsent, er verzichtet auf eine Anmoderation und baut zu keinem Moment eine Beziehung zu ihnen auf. Dennoch lädt er zu fließenden Denkfiguren ein, in denen die Narration, die sich aus dem Gespräch ergibt, zuweilen hinter einem Fluss von Allegorien und Behauptungen zurücktritt und damit in ihrer Gebrochenheit wichtige Schnittstellen für die Rezeption generiert. Im Schwebezustand zwischen Vergangenheit und Gegenwart und zwischen Ganzheitlichkeit und Mikrokosmos, zwischen praktischer Arbeit und philosophischen Gedankengut und nicht zuletzt im deutlichen Ausstellen der Spielsituation, untergräbt er sein eigenes Sinngebilde. Dadurch lässt er einen Modus deutlich werden, der besagt, dass Geschichte eine Konstruktion ist und auch Phantasterei und Humor dabei eine Rolle spielen können, wenn Geschichte im Hier und Jetzt ergründet werden will. Motive und Schicksalsläufe können in unterschiedliche Richtungen gelesen und ebenso durch vermeintlich Nebensächliches abgelöst werden. Entscheidend ist hierfür auch die Identifikationsmöglichkeit mit dem Schauspieler Helge Schneider, der sein sperriges Spiel deutlich ausstellt und in seiner Rolle als Sprengmeister meist bloßes Halbwissen kundtut, wodurch er sein Sprecherpodium recht klein erscheinen lässt:

„Schon seit seinen literarischen Anfängen [...] bediente sich Kluge permanent des Experteninterviews als Kunstmittel, um mit absichtlich komischen Wirkungen auf das blinde Spezialistentum hinzuweisen, dem jegliche praxisorientierte Kommunikationsfähigkeit fehlt, auf ein Wissen, das in ein fachwissenschaftliches Delirium entartet ist."[5]

---

[4] „*Der Gesamtarbeiter vor Verdun*", 01:09:55. Dies ist eine Anspielung auf Nietzsches „Lieber will der Mensch noch das Nichts wollen, als nicht wollen" (Friedrich Nietzsche, „Zur Genealogie der Moral", *Werke in drei Bänden*. Bd. 2: *Also sprach Zarathustra und andere Schriften*, hg. v. Karl Schlechta, München: Verlag 1977, S. 761–900, hier S. 900).

[5] Matteo Galli, „‚[...] eine Menge Arbeitsaufträge' Alexander Kluge und Heiner Müller", *Kulturphilosophen als Leser. Porträts literarischer Lektüren*, hg. v. Heinz-Peter Preußner/Matthias Wilde, Göttingen: Wallstein 2006, S. 343–359, hier S. 345.

Im *Gesamtarbeiter vor Verdun* verändert sich das von Matteo Galli beschrieben Schema allerdings gleich auf zweifache Weise: Einerseits muss ein spezifischer Fachjargon mangels echter Experten erst noch entwickelt werden, sodass er bereits in seiner Genese zur Darstellung findet und sich zwangsläufig karikieren muss. Andererseits wird der Expertentypus des Facharbeiters erweitert, indem er nun in einer inszenierten/gestellten Situation sowohl über praktische Details als auch über Philosophisches zu sprechen weiß. Im Spielmodus wird Kluges Kritik somit ins Gegenteil verkehrt, weil er seinen vermeintlichen Fachidioten zu einem Intellektuellen erklärt. Indem Willi seine Wertschätzung für seine französischen Feinde ausdrückt, mit denen er, wie er berichtet, in Oberhausen die Berufsschule besucht hat und deren Fachkenntnis er als eine entscheidende Motivation für den anstrengenden Minenkrieg sieht, eröffnet er einen psychologischen Diskurs über Militärideologie, durch den eine produktive Beziehung zwischen Freund und Feind formuliert wird. Jene utopisch anmutenden Harmonie-Ideale zwischen Kriegsparteien werden gerade in Kluges humoristischen Setting zu einer relevanten Möglichkeit, die sich einer reinen Faktenlage entgegenstellt. Ideologiekritik formuliert sich also gleichsam im Prozess fiktiver Subjektbildung und wird mit der Sprachäußerung hervorgebracht. Die Zuwendung auf das einzelne Subjekt kann durchaus eng mit Adornos Gedanken geführt werden, dass die Ursachen für die Gräuel der Vergangenheit u. a. im Mangel individuellen Selbstbewusstseins begründet liegen:

„Soweit man ihn [den Antisemitismus, Anm.] in den Subjekten bekämpfen will, sollte man nicht zuviel vom Verweis auf Fakten erwarten, die sie vielfach nicht an sich heranlassen, oder als Ausnahmen neutralisieren. Vielmehr sollte man die Argumentation auf die Subjekte wenden, zu denen man redet. [...] Aufarbeitung der Vergangenheit als Aufklärung ist wesentlich solche Wendung aufs Subjekt, Verstärkung von dessen Selbstbewusstsein und damit auch von dessen selbst."[6]

Der Film bietet sowohl Material für die Erinnerung an Vauquois als auch für die Erarbeitung einer vielseitigen Sprache der Auseinandersetzung mit ihr. Die Bilder, die jene Sprache aus dem Geist des Nachfühlens und Weiterspinnens heraufbeschwören, erweisen sich als fragmentarische Erinnerungsbilder, die mit Walter Benjamin gesprochen, im Nachspüren der Gefahren blitzhaft auftauchen.[7]

---

[6] Theodor Adorno, „Was bedeutet: Aufarbeitung der Vergangenheit", *Ob nach Auschwitz sich noch Leben lasse. Ein philosophisches Lesebuch*, hg. v. Rolf Tiedemann, Frankf. a. M.: Suhrkamp 1997, S. 31–47, hier S. 46.
[7] Vgl. Walter Benjamin, „Über den Begriff der Geschichte", *Gesammelte Schriften*. Bd. I/2, hg. v. Rolf Tiedemann/Hermann Schwepphäuser. Frankf. a. M: Suhrkamp 1974, S. 691–704, hier S. 694.

„**Kontraproduktiv ist produktiv.**"[8] – **Die Wirkungsästhetik einer hybriden Verfahrensweise**

Da sich die „soziale Wirklichkeit nicht bei [der bloßen] Abfilmung von Gegebenem [...] folgerichtig einstellt"[9], wie Alexander Kluge in einem Aufsatz *Über den Begriff der Geschichte* schreibt, dekonstruiert er in *Der Gesamtarbeiter vor Verdun* die Schemata von Dokumentar- und Interviewfilm und schafft eine kritische und zugleich sich selbst widersprechende Auseinandersetzung mit der Komplexität von Wirklichkeit und Geschichte. Er liefert damit ein Exempel für seine „Vorstellung von Realismus [...], der die Phantasie und die Wünsche der Menschen ebenso ernst nimmt wie die Welt der Fakten".[10] Sind also „Fakten allein [...] nicht wirklich, Wünsche nur für sich auch nicht"[11], wie er ableitet, dann stellt sein Film folgerichtig einen Hybrid aus beidem dar. Dieser spielt fortwährend mit der übereinkommenden Dialektik von Fakt und Fiktion, und stellt deren Prozesshaftigkeit aus. Dadurch werden heterogene Speicherungen von Aktualitäten möglich, die unterschiedliche Assoziationen untereinander bewirken. Das Kontrastverhältnis von fiktiven und dokumentarischen Elementen scheint in Kluges inszeniertem Interview deshalb noch stärker in Schieflage zu geraten, weil sich im erfundenen Expertengespräch das Stimmorgan des Zeitzeugen von seinem Authentizität stiftenden Charakter löst. Seine Stimme ist zugleich Instrument der Inszenierung als auch ein „Gegenstand des Verfremdungsprozesses"[12]. Kluge fungiert im Gespräch als Stichwortgeber und wechselt dabei zwischen geschichtlichen Fakten und eigenen Mutmaßungen. Während Schneider den Willi mimt, also als Zeitzeuge und Teilnehmer der Schlacht ausgewiesen wird, bleibt er von seiner Rolle des Sprengmeisters immer unterscheidbar und stellt sein Spiel und den inneren Kampf, in der Rolle zu bleiben, deutlich aus, was ein hohes Maß an Komik generiert. Die katastrophalen Ausmaße um den Minenkrieg von Verdun werden aber nicht relativiert oder etwa verharmlost, der Verfahrensweg ist nur ein anderer geworden. Im Nachspielen der Katastrophe verlagert sich das Augenmerk weg vom Faktischen hin zum Prozessualen, einem Live-Charakter, der die Möglichkeit zum Eingreifen suggeriert. Nicht nur die im Film erzeugte Vergangenheitsebene, sondern nun auch seine Gegenwartsebene wird als eine vom Menschen erdachte und konstruierte Variante sichtbar, die jederzeit auch anders formuliert werden kann. Mit Hilfe einer Aneinanderreihung unterschiedlicher Bildtypen ergibt sich die Möglichkeit, Versatzstücke einzugliedern, ohne dabei deren Sinngehalt einzubüßen und dennoch

---

[8] „*Der Gesamtarbeiter vor Verdun*", 01:19:13.
[9] Alexander Kluge, „Die realistische Methode und das sogenannte ‚Filmische' (1975)", *In Gefahr und größter Not bringt der Mittelweg den Tod. Texte Kino, Film, Politik*, hg. v. Christian Schulte, Berlin: Vorwerk 8 ³2011, S. 104–110, hier S. 105.
[10] Alexander Kluge, „Der Hauptansatz des Ulmer Instituts (1980)", *In Gefahr und größter Not bringt der Mittelweg den Tod. Texte Kino, Film, Politik*, hg. v. Christian Schulte, Berlin: Vorwerk 8 ³2011, S. 52–54, hier S. 54.
[11] Ebd.
[12] Peter Riedel, „flow interviews. Realismus zwischen Facts und Fakes in Alexander Kluges Kulturmagazinen", *Kultur & Gespenster*, 2006/2, S. 136–147, hier S. 144.

durch die offene Struktur Widersprüchlichkeiten zu erzeugen. So wird filmisches Archivmaterial mittels Green-Box-Verfahren in den Bildhintergrund eingefügt, sein Sättigungsgrad deutlich erhöht und in Zeitraffer und Loop abgespielt (Abb. 2). Dabei ist zu beobachten, wie sich das Filmmaterial nach und nach von seiner gewöhnlichen televisionären Verwendung löst und nicht als Beweismittel einen Inhalt beglaubigt oder illustriert, sondern sich verselbständigt und in Widerstreit zum Bildvordergrund tritt, indem der Zigarren-Willi spricht. Zugleich werden im Hintergrund Archivaufnahmen von aus Gräben steigenden und in Schächte eindringenden Soldaten in ständigen Wiederholungen zu Bildern des Automatismus militärischen Drills ad absurdum geführt. Die Körper der Soldaten scheinen durch den Dienst im Krieg und das monatelange Verharren in unterirdischen Stollen ihrer Bewegungsfreiheit beraubt, worauf sie bei Kluge in Wiederholungsschleifen nun rastlos auf dem Schlachtfeld, im Bunker, beim Laden eines Raketenwerfers oder vor dem Grubeneingang hin- und herlaufen (Abb. 3). Durch die Konfrontation mit den Gegnern, die im Verborgenen lauern, werden sie in einem Zustand permanenten Aktionismus gehalten, der eine baldige Lethargie erahnen lässt. Gleichzeitig wird an ihren Körpern, neben ihrer Rastlosigkeit, eine zweite, für den Film besonders relevante Kategorie sichtbar: die Zeit. In einer Vielzahl von parallelen Zuständen können sich die Körper nicht mehr nur in der Gegenwart bewegen, sodass sich in ihnen das Mögliche, Zukünftige, bereits Gedachte und noch zu Denkende im Moment seiner Entstehung bereits ablesen lässt: „Die Verhaltensweise des Körpers ist wie ein Zeit-Bild, welches das Vorher und Nachher, die Serie der Zeit, in den Körper versetzt; doch der Gestus ist bereits ein anderes Zeit-Bild, die zeitliche Ordnung oder Anordnung, die Simultanität ihrer Punkte, die Koexistenz der Schichten."[13]

Die treibende Bewegung macht die ursprünglich im Bild enthaltene Verhaltensweise von Ordnung und Zielgerichtetheit vergessen und verweist damit auf ein Versagen der militärisch-strategischen Orientierung im Übergang von Stellungs- zu Minenkrieg. Durch die Koexistenz unterschiedlicher Zustandsformen stellt sich die Bilddramaturgie einer schicksalhaften Verkettung entgegen. Die gerafften Bilder lassen bewusst werden, dass sich Erfahrung erst organisieren kann, wenn der Fluss unterbrochen ist. Inhalte, wie eine kaum merkliche und kleine Bewegung eines Soldaten, der einen Hang hinauf robbt, die für sich genommen keine tiefere Bedeutung generiert, werden in eine andere Zeitordnung überführt, um den Blick für Bruchstellen freizumachen, an denen der Lauf der Dinge in andere Richtungen lenkbar gewesen wäre. In Kluges Bildregie überwindet der Soldat das unwegsame Gelände nicht und fällt immer wieder in seine Ausgangsposition zurück. Die Richtungsänderung manifestiert sich auch in einer weiteren Schicht, die das Archivmaterial überlagert: Mittels Doppelbelichtungen und eines Effekts, der dem

---

[13] Gilles Deleuze, *Kino*. Bd. 2: *Das Zeit-Bild,* Frankf. a. M.: Suhrkamp 1997, S. 252.

Zurückblättern eines Buches gleicht, wird die Geschichte im bildlichen Sinn entgegen der Leserichtung überflogen. In Anbetracht der radikalen Bearbeitung des Materials, könnte man durchaus sagen, hier wird Geschichte gegen den Strich gebürstet und eine Neubetrachtung unabhängig einer linearen Zeitordnung ermöglicht, wie es Benjamin einmal ausgedrückt hat.[14] Auch die Integration von bearbeiteten Archivbildern, wie einer Montage von Helge Schneiders Kopf mit Helm und Zigarre in eine Fotografie von zwei Minenarbeitern und zwei Eseln im Schacht (Abb. 4), unterstreicht das Bestreben, durch differente Darstellungsweisen die Illusion von Unmittelbarkeit, die aus dem Gespräch hervorgeht, zu brechen, indem das Gesamtprodukt als mediale Konstruktion ausgewiesen wird. Archivbilder, die sonst ein Zeichen für Vertrauenswürdigkeit darstellen, werden bei Kluge fortwährend zu Gegenständen des Verfremdungsprozesses. In der Zusammenkunft unterschiedlicher Bildtypen und Qualitäten (scharf/unscharf, schwarzweiß/farbig, bearbeitet/unbearbeitet) zerfallen sie in Einzelelementen, die in sich geschlossen sind und als Bausteine aufeinander getürmt auf unterschiedliche Weise abgetragen werden müssen, um sich dann in das bereits geöffnete Geschichtsdispositiv einschreiben zu können. Mit Gilles Deleuze gesprochen, hat der Bruch in der direkten Interaktion von Situation und Aktion im manipulierten Archivbild, neben dem Auftauchen Schneiders im Vordergrund, eine Diskursivität zur Folge, die sich mit dem Typus des mentalen bzw. Relationsbildes bezeichnen ließe.[15] Zwar ist Schneider noch im Vordergrund verankert, doch scheint er, das Abbild der Geschehnisse bereits im Nacken spürend – obwohl gewiss erst in der Postproduktion zusammengefügt – zum Interpreten des Hintergrundes zu werden. Diese abstrakte Relation nimmt das Denken und Reden von Willi und Kluge selbst zum Gegenstand und öffnet sich in einem weiteren Bild der Reflexion über und der Suche nach dem Widerspruch im vermeintlich bereits vollständig Bedeuteten.

Hinzu kommt aber noch ein Element. Das Gespräch wird gerahmt und immer wieder unterteilt durch Texttafeln, die dem Gespräch einen thematische Überbau geben oder nur einzelne Sätze oder Fragen des Gesprächs, wie „Warum sagt man Vaterland und nicht Mutterland?"[16], schriftlich betonen. Die Texte sind typographisch sehr unterschiedlich gestaltet und erzwingen so eine weitere Aktivierung der Wahrnehmung (Abb. 5). Die meisten Wörter sind ihrer Bedeutung entsprechend gestaltet, beispielsweise wird der Buchstabe ‚P' im Wort Sprengungen mit einer Bombe versehen oder das Wort ‚Hügelgelände' in einer auf und abschwellenden Kurve dargestellt. Auch Farbwahl, Buchstabengröße und Schriftart stehen in Beziehung zum jeweiligen Begriff, wobei deren Bedeutung fast hinter ihrer Gestaltung zurückzutreten vermag:

---

[14] Vgl. Walter Benjamin, „Über den Begriff der Geschichte", *Erzählen. Schriften zur Theorie der Narration und zur literarischen Prosa,* Frankf. a. M.: Suhrkamp 2007, S. 129–138, hier S. 132.
[15] Vgl. Gilles Deleuze, *Kino.* Bd. 1: *Das Bewegungs-Bild,* Frankf. a. M.: Suhrkamp 1997, S. 264–266.
[16] „*Der Gesamtarbeiter vor Verdun*", 01:15.12.

„In diesem Verfahren spiegelt sich die Medialität der Schrift: nicht das Bedeutete, sondern das Bedeutende steht im Zentrum der Aufmerksamkeit. So stellt sich das Bedeutende vor das Bedeutete, die Struktur des Bildes und die Struktur der Schrift vor die jeweilige Darstellungsfunktion: Bild und Schrift erscheinen nicht mehr als Abbild, sondern als Bild."[17]

Die bereits angesprochene Nähe zu Schneider wird durch die Wahl der Kameraeinstellung erreicht, die lediglich Willi zeigt, Kluge hingegen aber ausspart. Die akustische Überfrachtung mit Marschmusik und dem Dröhnen von Detonationen und die rasenden, grellen Bildseqeunzen im Hintergrund verstärken die Konzentration auf den vergleichsweise ruhigen Bildvordergrund. Die filmische Reflexion über den Ersten Weltkrieg erwächst damit einerseits aus der sinnlichen Wahrnehmbarkeit von unterschiedlichen Realitätsmöglichkeiten, die notwendigerweise Widersprüchlichkeiten herstellen, andererseits aus dessen gleichzeitig fiktiven Charakter des Gesamtzusammenhangs, unter dem sich die Lebenswelten der Vergangenheit formieren. Trotz angesprochener Überfrachtung geht es aber nie um die Darstellung eines reinen Effekts von Mischformen des Dokumentarischen und Fiktionalen als eine Form von Verwirrspiel, da die Fiktion ohnehin jederzeit für die ZuschauerInnen durchschaubar ist, sondern vielmehr um die bewusste Ausstellung des Prozesses dorthin und wie er schließlich auch nach dem Film weitergeführt werden könnte. Von einer Hybridität der Darstellungsweisen kann hier gesprochen werden, da es sich um die Versammlung unterschiedlicher ästhetischer Objekte handelt, die ihre eigene Widerständigkeit gegen Normen des Fernsehens im Umgang mit Geschichte offen ausstellen, ohne sich dabei gegenseitig zu vereinnahmen oder zu nivellieren.

„Bohr, sonst verlor."[18] – Realität durch kontinuierliche Formveränderung

Der Kontrast zwischen dem spielerischen Einschreiben in das Geschichtsdispositiv einerseits und der fragmentierten und manipulierten Wiedergabe von Dokumenten und Überlieferungen andererseits bewirkt für beide Seiten, für Geschichte wie für das Fernsehen, eine veränderte Darstellungsform, die eine neue Erfahrung ermöglicht. Dem Fernsehen werden seine Reduktions- bzw. Nivellierungstendenzen und seine leicht zu konsumierenden Wissensportionen verwehrt und Geschichte wird als eine Konstruktion der Gegenwart deutlich, die immer neu verhandelt und hervorgebracht werden will. Die Fiktionalisierung um den Sprengmeister Willi unterminiert das Katastrophenszenario um Vauquois insofern, als er das Spezialistentum und die Professionalität der

---

[17] Christina Scherer, „Das Bild der Schrift und die Schrift der Bilder: zum Verhältnis von Bild und Schrift in den Kulturmagazinen Alexander Kluges", *Augen-blick: Marburger Hefte zur Medienwissenschaft*, 1996/23, S. 34–53, hier S. 42.
[18] „Der Gesamtarbeiter vor Verdun", 01:19:34.

Sprengmeister, aber auch den Freigeist eines vermeintlichen Fachidioten mit einbringt und damit den Diskurs erweitert. Der spielerische Umgang mit Verdun ermöglicht einen großen konzeptuellen Freiraum. So wird Kluges Idee von der Kooperation zwischen Deutschen und Franzosen gegen die Hügel von Vauquois als ihren gemeinsamen Feind durch Willis Ablehnung des von Karl Marx geprägten Begriffs des Gesamtarbeiters abgelehnt. Dennoch kann das Gespräch fortgeführt und der ursprünglich programmatisch veranschlagte Filmtitel beibehalten werden, weil die Elemente schlicht zu keinem gemeinsamen Fazit formiert werden müssen, sondern gerade im offenen und uneinigen Charakter des Diskurses beibehalten werden können. Das dokumentarische Material aus Fotografien und Filmmaterial und deren Montagen mit Fremdmaterialien, wie Schneiders Kopf, unterstreichen ebenfalls den experimentellen Charakter des Fernsehspiels, im Sinne einer Werkstätte zum Auseinanderbauen einerseits und zum Ausbauen von Geschichte andererseits. Die doppelte Konstruiertheit von Film und Vergangenheit lässt sich mit Deleuze als eine Art ‚Kristall-Bild' interpretieren, als ein Wettstreit zwischen virtuellem und aktuellem Bild.[19] Die Schlachten um Vauquois, deren Stellungs- und Minenkrieg reale Auswirkungen auf den Verlauf des Ersten Weltkriegs hatte, und die fiktive Figur des Zigarren-Willi, die auf dieser Ebene folgenlos bleibt, scheinen klar unterscheidbar. Dennoch gelingt es im Gespräch zwischen Kluge und Schneider, die beiden Modi, wenn nicht gänzlich zu sprengen, so doch zumindest miteinander zu verschneiden. In den neu geschaffenen Möglichkeitsräumen kann Vergangenes einer unmittelbaren Erfahrung ausgesetzt werden, die auf das tatsächliche und reale Erleben in der Spielsituation von Kluge und Schneider rekurriert und somit produktiv gemacht wird. Umgekehrt wird im Sprechen über Vergangenheit im Hier und Jetzt der Studiosituation auch ein Bruch von Geschichte bewirkt, der eine kontinuierliche und ganzheitliche Betrachtung als solche überhaupt erst möglich macht. Durch Fragmentarisches, sowohl auf der Ebene der Zeichenmaterie als auch der repräsentierten Inhalte, reflektiert er mit seinen inszenierten Interviews die Heterogenität von Wirklichkeit in ihren einzelnen Schichten. Ebenso gibt das Überangebot an Bildebenen und -typen und an unterschiedlichen Tonspuren die Möglichkeit, die eigene Wahrnehmung zu lenken und so das Material selbst zu montieren und zu deuten. Die Spreng- und Lauschstollen können als Destruktionsräume, als den Mensch und die Natur verschleißende Gänge, oder aber – euphemistisch gesprochen – als Kathedralen für saubere Arbeit und vermeintlichen Aufstieg und Wohlstand gelesen werden. Es interessiert also nicht mehr, was die Kriegsmaschinerie produziert hat, wo sie ihre Standorte hatte, welche und wie viele Soldaten sie beschäftigte und wie sie sich nannte. Diese primäre Bedeutungsebene verschwindet hinter einem neu erschaffenen Mythos, der gleichsam wie die Natur die Krater Vauquois überwächst und schließlich zurückgewinnt. Im bloßen

---

[19] Vgl. Deleuze, *Das Zeit-Bild*, S. 17f.

Zeigen der Narben und Wunden des Ersten Weltkriegs scheint es leicht, Bedeutung zu generieren, denn der Bildraum erzeugt seine Bilder selbsttätig, das Abbilden der unheimlichen Kriegsschauplätze ist bereits politische Stellungnahme. Doch Kluge geht einen entscheidenden Schritt über deren reine Abbildung hinaus. Sein Film begnügt sich nicht mit der Erscheinung militärischer Schlachtszenen und der Bannung bereits eingeschriebener Bedeutungen; sie schwingen zwar mit, jedoch verdoppelt er sie, bringt Bewegung mit ein, überfrachtet sie mit Phantasie und Momentaufnahmen, steigert die Empfindsamkeit und bahnt damit den Weg über die Wirklichkeit zur Erinnerung, um uns schließlich mit der Behauptung von der Unwahrscheinlichkeit einer eindeutigen Wirklichkeit zu entlassen.

Somit ist eines der Motive von Kluges Film gerade nicht die Bestätigung der verfestigten Strukturen von Geschichte, sondern im Gegenteil die Auflehnung gegen ein Geschichtsdispositiv, das alternative Realisierungen verweigert. Das Aufbegehren gelingt Kluge, indem er die Funktionsweise in Schrift, Sprache, Fotografie und bewegtem Bild sichtbar macht. Weiters, indem er Rhetorik und Diskurs abbildet, um das reproduktive Moment daraufhin zu überwinden und mit dokumentarischen wie auch fiktionalisierenden Techniken der Geschichte eine vitale Bewegung einhaucht und ihr damit Präsenz und Bedeutung im Hier und Jetzt verleiht. Nach Henri Bergson mündet diese Dialektik zwangsläufig im Begriff der Realität:

„Das Leben aber ist Entwicklung. Jede Periode dieser Entwicklung aber fassen wir in eine wandellose Ansicht zusammen, die wir Form nennen, und wenn diese Veränderung groß genug ist, die wohltätige Erstarrung unserer Wahrnehmung zu überwinden, so sagen wir, der Körper habe seine Form geändert. In Wirklichkeit ändert der Körper seine Form in jedem Augenblick, es gibt keine Form, da Form Unbewegtes ist, Wirklichkeit aber Bewegung. Real ist das Einzige, die kontinuierliche Formveränderung."[20]

Realitäten bilden, bedeutet demnach das Flüssigmachen fester Formen durch die Bewegung des Lebendigen. Außerzeitliches und anti-ideologisches Erzählen erfordert also immer auch, den Prozess selbst sichtbar zu machen, weil es gar keine vollendete Wirklichkeit gibt, sondern nur das in Bewegung versetzte Denken. Durch eine gemäßigte Form der Verfremdung – der Brecht'schen Methode ohne pädagogischen Impetus könnte man sagen – finden sich in der sichtbaren Trennung filmästhetischer Mittel die Elemente in *Der Gesamtarbeiter vor Verdun* nicht zu einer einheitlichen Form zusammen, sondern stehen zueinander im Verhältnis und Widerstreit. Durch diese Spannung

---

[20] Henri Bergson, *Materie und Gedächtnis. Eine Abhandlung über die Beziehung zwischen Körper und Geist*, Hamburg: Meiner 1991, S. 206.

entzieht sich die Darstellung einem direkten und illusionären Zugriff und bildet damit einen Zwischenraum für neue Erfahrungen und Wahrnehmungen, die nach der filmästhetischen Erosion in neue Sphären aufsteigen, dort für einige Momente erstarren, um erneut in Bewegung aufzuschmelzen.

Abb. 1: *Der Blick in die Glaskugel der Geschichte.*[21]

Abb. 2: *Zigarren-Willi.*[22]

---

[21] „*Der Gesamtarbeiter vor Verdun*", 01:19:34.

Abb. 3: *Zurückblättern im Geschichtsbuch.*[23]

Abb. 4: *Montage von Willi, Kumpel und Eseln.*[24]

Abb. 5: *Typographisches.*[25]

---

[22] Ebd., 01:05:17.
[23] Ebd., 01:03:43f.
[24] Ebd. 01:12:54.
[25] Ebd., 01:03:30f.

BEI GRIN MACHT SICH IHR WISSEN BEZAHLT

- Wir veröffentlichen Ihre Hausarbeit, Bachelor- und Masterarbeit

- Ihr eigenes eBook und Buch - weltweit in allen wichtigen Shops

- Verdienen Sie an jedem Verkauf

Jetzt bei www.GRIN.com hochladen und kostenlos publizieren